AF509310

CHAMBRE DE COMMERCE

DE
SAINT-ETIENNE

RAPPORT

SUR

LES TRAITÉS DE COMMERCE AVEC L'ANGLETERRE, LA BELGIQUE,

L'ITALIE, LA SUÈDE, LA NORVÈGE, LE ZOLWEREIN,

LA SUISSE, ETC., ETC.

Par M. ENNEMOND RICHARD

Vice-Président de la Chambre de Commerce,

RÉSOLUTIONS

Adoptées à l'unanimité par la Chambre
le 21 janvier 1870.

SAINT-ETIENNE

IMPRIMERIE DE Vᵉ THÉOLIER ET Cⁱᵉ

Rue Gérentet, 12.

RAPPORT

De M. ENNEMOND RICHARD.

MESSIEURS,

L'abaissement général des droits d'entrée des produits anglais qui a eu lieu par le traité de 1860, a été
un pas immense vers la liberté commerciale, mais le
Libre-Echange n'existe pas entre la France et l'Angleterre ; il n'existe sur aucun produit manufacturé.
La houille sortant de l'Angleterre paye un droit d'entrée de 12 centimes au moment où elle est déchargée
dans un de nos ports de mer. La fonte brute, la fonte
travaillée, le fer en massiaux, le fer en barres et le fer
travaillé payent un droit d'entrée suffisamment protecteur, puisque sur la fonte il est de 30 p. 0/0, et de
20 p. 0/0 au moins sur le fer.

Les fers travaillés et la quincaillerie sont suffisamment protégés par les droits actuels ; mais les armes à
feu ne le sont pas suffisamment.

Le commerce des lacets voudrait un abaissement

sur les droits d'entrée des laines longues de Northum-
terland qui payent 52 centimes et demi par kilo lorsqu'elles se présentent, filées et retordues à deux bouts,
à la frontière française; ainsi, l'intérêt de cette branche
du commerce départemental est contraire aux intérêts
des fileurs de laine du Nord qui, jusqu'à présent, n'ont
pas su filer une qualité identique.

Les rubans de soie et les rubans de velours étaient
suffisamment protégés dans le traité de commerce du
4 février 1860, conclu avec l'Angleterre ; mais ils ne
le sont peut-être pas assez contre les rubans et les
velours de la Suisse, dont le traité de commerce, en
date du 1er juillet 1867, est moins favorable aux intérêts des fabricants français.

Voici la date de tous les traités :

Angleterre	4 février	1860
Belgique	1er juin	1861
Italie . . , ...	1er février	1866
Suède et Norvège. . . .	15 —	1867
Zolverein. . . °	1er juillet	1867
Suisse	1er —	1867
Pays-Bas	1er septembre	1867
Autriche.	1er —	1867
Portugal.	1er —	1867
Etats-Romains	1er novembre	1867

Tous ont été conclus pour dix ans avec la faculté
de les faire cesser en prévenant un an d'avance.

Ainsi, le traité avec l'Angleterre doit être dénoncé
le 4 février 1870, pour prendre fin dans un an, et
aurait pu être dénoncé le 4 février 1869.

Il faut dire souvent et bien haut que ce n'est pas dans l'intérêt du trésor public que les droits d'entrée sont établis, mais pour l'intérêt bien plus considérable de l'agriculture, des manufactures et des arts.

L'agriculture Française doit être protégée par des droits qui représentent les impôts de toute nature qui pèsent non-seulement sur le sol, mais encore sur le cultivateur du sol ; les manufactures françaises doivent être protégées contre les manufactures des pays où la force motrice, la main-d'œuvre et les matières premières sont à meilleure marché qu'en France.

Le commerce qui ne représente que les échanges des produits d'un pays contre les produits d'un autre pays, ne regarde que son intérêt, et sans s'inquiéter de l'agriculture et des manufactures, il voudrait le Libre-Echange. Le commerce est un intermédiaire qui ne veut que ce qui peut favoriser son intérêt privé.

Quand une branche de l'agriculture ne doit qu'à son climat un produit que les nations environnantes et même lointaines ne peuvent imiter ni produire aux mêmes prix, alors cette branche de l'agriculture, qui ne regarde à son tour que son intérêt privé, demande le Libre-Echange.

Ainsi, les producteurs des vins et des cognac demandent le Libre-Echange le plus absolu, parce qu'ils y trouvent leur intérêt, tandis que les fabricants de spiritueux du Nord demandent à être protégés contre l'introduction des spiritueux étrangers qui, malgré un droit de 15 et 20 p. 0/0, viennent leur faire une rude concurrence sur le marché Français.

Membre du Conseil général de l'agriculture, des manufactures et du commerce, j'ai assisté à de longues discussions sur les tarifs des douanes, j'ai été souvent appelé à déposer mon vote, et pour être juge impartial, il faudrait avoir été agriculteur, manufacturier et commerçant; il faudrait tenir d'une main ferme la balance où ces trois intérêts doivent être pesés.

Les producteurs de céréales auraient besoin d'un droit un peu plus protecteur contre l'introduction en France des grains de toutes les parties du monde, c'est ce qui ressort de l'enquête agricole de 1867. Les laines françaises viennent de subir, cette année, une baisse considérable de prix à cause des laines de l'Australie et de l'Amérique du Sud qui arrivent maintenant en France en quantités immenses; mais comme les laines arrivent également en Angleterre sans acquitter aucun droit, elles y sont filées et employées en trames sur une chaîne de coton très solide, et produisent ces draps et étoffes mélangées laine et coton, dont le bon marché est tel, que malgré le droit d'entrée qui protège en ce moment les manufactures françaises, elles arrivent sur le marché français et sont la cause des ardentes réclamations des départements du Nord. Dans un moment, je ferai connaître les droits actuels de protection, les quantités introduites et les demandes des Comités du Nord.

Le Comité Libre-Echangiste de Lyon dit *Union libérale Lyonnaise*, pour le maintien des traités de commerce, s'était déclaré Libre-Echangiste radical ; mais
il nous a fait connaître officieusement qu'il se borne-
rait à demander le maintien des droits actuels et leur
réduction lorsque cela deviendrait possible, après une
enquête impartiale. Il est favorable aux admissions
temporaires des tissus pour le commerce d'impression
de Mulhouse. Le Libre-Echange radical est une belle
théorie, mais en pratique c'est la destruction de
la production de la moitié de l'agriculture et des manufactures françaises pour l'avantage de l'autre
moitié; le commerce y gagnerait immensément, mais
qu'est-ce que c'est que le commerce ?

Le commerce ne produit rien, il ne fait que servir
d'intermédiaire pour l'échange des produits. Les fabricants d'armes, de quincaillerie, de lacets, de passe-
menteries, de rubans, sont des producteurs; et si leurs
établissements ont l'importance déterminée par un décret de Napoléon Ier, alors ils sont considérés comme
manufacturiers et jouissent de certaines faveurs ac-
cordées par ce décret. Les manufactures sont exemptes
de l'impôt des portes et fenêtres ; le commissionnaire
est un commerçant, il ne produit rien, il sert d'intermédiaire pour faire arriver les soies de la Chine et du
Japon et pour faire expédier les rubans et autres produits manufacturés hors du territoire de la France.
L'épicier est un commerçant, il fait arriver les huiles
des pays étrangers, les esprits et les pétroles des pays
lointains, les bois de teinture des îles et les indigos de

l'Inde ; son intérêt le porte à se plaindre constamment de tous les droits qui protègent l'agriculture française ; il est né Libre-Échangiste et il pense que les douaniers sont devenus inutiles et qu'il faudrait supprimer tout cela ; mais qu'il demande au commerce de charbon et au commerce des fers qui fait vivre mille fois plus de familles que lui, s'il veut le Libre-Echange ? Qu'il demande au commerce des armes et au commerce de la quincaillerie , s'ils veulent aussi le Libre-Echange, chacun le regardera d'un air étonné et lui dira : Vous ne savez donc pas qu'en Angleterre et en Belgique le minerai de fer se trouve à côté des puits de charbon et à côté des montagnes de pierres calcaires ; alors ces trois produits du sol qui, réunis par le feu, produisent la fonte, la produisent aux deux tiers du prix de revient de la fonte française. Vous voyez bien qu'à Saint-Etienne, si le charbon se trouve sous nos plaines et sous nos montagnes, il faut faire venir le minerai de fer de La Voûte et de Privas, ce qui est bien loin dans l'Ardèche et qu'il faut ensuite faire venir la pierre calcaire du département de l'Ain ou de celui de l'Isère ; en conséquence, les h[ts]-fourneaux du département sont protégés contre la fonte anglaise par un droit de 30 p. 0/0 ; si par le Libre-Echange, vous supprimez le droit protecteur, il faudrait donner une autre occupation à la moitié des familles qui vivent par les hauts-fourneaux, par les forges, par les armes et par la quincaillerie. Pour le plus grand bonheur des Anglais et des Belges, vous ruinerez de puissantes Compagnies et vous mettrez à la misère

d'innombrables familles d'ouvriers, et tout cela parce
que, sans approfondir la question, on se laisse entraî-
ner par les idées de fraternité de tous les peuples et
par les théories du Libre-Echange qui, au dire des
promoteurs, doit exister entre tous les peuples, comme
il existe en ce moment entre tous les départements de
la France.

Les théoriciens vous disent : Voyez, les huiles
du Var vont à Paris et dans tout le nord de la France
pour servir aux apprêts, tandis que les huiles de
colza du Nord vont éclairer les villes du Midi. Pourquoi ce qui existe dans tous les départements de la
France n'existerait-il par entre tous les peuples? Tout
cela est magnifique en théorie, mais à la pratique,
ce que nous avons vu dans le passé nous apprend ce
qui se passerait encore dans l'avenir.

Chaque nationalité doit se suffire à elle-même pour
les deux tiers au moins des objets de sa consommation.

Ainsi, en ce moment, la France ne produit pas les
deux tiers des charbons qu'elle consomme sur son
territoire. L'extraction de toutes ses houilles est de
quatorze millions de tonnes et l'introduction des
houilles anglaises, des houilles belges et de celles de la
Prusse est de près de huit millions. La France reçoit
en ce moment pour cent quarante-huit millions de
charbons des pays étrangers. Le grand avantage des
traités de commerce avec des droits très modérés, c'est
la nécessité dans laquelle chaque peuple se trouve,
après dix à douze ans de relations commerciales et

de relations amicales, de ne plus songer à la guerre pour de simples questions d'amour-propre.

Les grands corps de l'Etat doivent avoir soin de l'agriculture comme des ouvriers des fabriques ; ils doivent donner les plus grandes facilités au commerce, sans détruire ce qui existe. Il faut une transition lente entre chaque progrès : un jeune homme qui veut s'instruire prend ses grades, c'est-à-dire qu'avec l'aide d'un professeur il monte les degrés de la science, et quand il est homme fait et que pendant vingt ans d'une existence laborieuse il connaît le passé que son père lui a raconté, il connait le présent au milieu duquel il a vécu, il peut regarder l'avenir et viser à la continuation du progrès.

Quand il y a des discussions, cherchez des juges intègres ; qu'ils entendent les explications des parties et qu'ils prononcent ensuite avec connaissance de cause.

Les lois actuelles, qui ont établi les traités de commerce de 1860, peuvent être révisées ; mais quels doivent être les juges ?

Le Conseil supérieur de commérce a peut être fait son temps : il était composé d'hommes éminents, mais qui sont les auteurs des traités de commerce de 1860. Que d'autres hommes soient désignés pour entendre les réclamations contre ce qui existe et les approbations pour ce qui existe, qu'ils entendent les ardents promoteurs du Libre-Echange et qu'ils jugent ensuite ce qui convient le mieux aux intérêts généraux de la France. Ils doivent surtout apprécier ce qui convient le mieux aux intérêts généraux. Il est

certain que les intérêts des producteurs de vins de
Bordeaux et des eaux-de-vie de Cognac sont contrai-
res aux intérêts des fileurs et tisseurs de coton, des
fileurs et tisseurs de laine et de produits mélangés,
mais si les plaintes du département du Nord sont
fondées, pourquoi ne leur donnerait-on pas satisfaction dans ce qui est rigoureusement nécessaire au
bien-être des populations ouvrières de ces départements ? Il faut des juges éclairés et non prévenus, il
faut juger et non refuser d'approfondir la question.

Voici maintenant les bases pour apprécier ce qui
existe en ce moment, mais il faut se rappeler que le
rapporteur d'un projet de loi sur les douanes, Monsieur Goudard, a dit au Corps législatif, en parlant
au nom du Comité du commerce et de l'agriculture :

« On confond trop souvent les spéculateurs avec
« le véritable négociant : Pour les uns, il faudrait
« renverser toutes les barrières de la France et en
« faire un... grand comptoir... un port franc... Mais
« que deviendraient nos manufactures?

« C'est la manufacture qu'il faudrait surtout pro-
« téger. »

« Le devoir des législateurs *qui suivront* sera de
« faire au tarif proposé des changements que l'expé-
« rience peut seule indiquer. »

La période de 10 ans prévue par le traité de 1860
prend fin le 4 février prochain. Si le traité était dénoncé, il faudrait le recommencer en totalité, puisque
rien ne serait conservé. Mais si le gouvernement fran-
ças demande une modification en faveur des départe-

ments du Nord et que le gouvernement anglais demande une modification en sa faveur contre l'introduction des soieries françaises, des gants et des vins, la Commission d'enquête aura la tâche difficile d'apprécier ce qui est le plus convenable d'accepter dans l'intérêt général, au détriment ou à l'avantage des intérêts privés.

La première question est toujours celle-ci : quels seront les juges à l'enquête? Les départements intéressés au maintien du traité nomment leurs délégués pour l'enquête à faire par le Conseil supérieur du commerce, tandis que les départements qui se plaignent refusent de nommer des délégués et réclament une enquête parlementaire. Les délégués de la Loire sont nommés pour le Conseil supérieur du commerce ou pour l'enquête parlementrire :

En effet , que demande-t-on dans le département de la Loire ? Le maintien du traité de commerce pour les rubans, les galons, la passementerie, les lacets, les armes, la quincaillerie et les houilles.

On se contente, un peu à regret, de ce qui existe pour les fers, mais on demande un autre classement pour les fers étrangers entrant en France sous le nom de fers en massiaux ; on voudrait qu'ils soient classés dans la plus basse catégorie des fers laminés ; on voudrait, dans le commerce des fers, le maintien des acquits à caution et de longs termes, tandis que le producteur du fer analogue demande que le décret d'introduction des fers sous charge d'être réexpédiés ouvrés ne soit pas interprété comme il l'est en ce moment.

Le commerce des lacets demande que les filés de longues laines doublées et retordues, qui servent à la fabrication des lacets, ne payent pas à leur entrée en France un droit plus élevé *qu'à leur entrée en Prusse,* et que si cela ne peut pas être, que la marchandise fabriquée en **Prusse** ne puisse pas entrer en **France** avec les fraudes de déclaration qui existent en ce moment. Il explique que le droit perçu sur le filé est au kilo, tandis que le droit perçu sur la marchandise fabriquée est sur la valeur déclarée par l'expéditeur. La fraude se fait sur la valeur déclarée; il faut empêcher l'abus en percevant le droit d'entrée au poids ou à la valeur réelle.

Le commerce des armes demande de pouvoir obtenir facilement, comme cela se pratique en Belgique, des autorisations temporaires pour l'introduction en franchise de pièces nécessaires à la fabrication, et cela suivant les circonstances et les besoins.

Voyez un jeune enfant : il peut bien marcher tout seul, mais dans les passages difficiles, il tend la main pour qu'on lui vienne en aide. Quelques mois plus tard, il ne réclame plus aucune assistance.

Tous les commencements sont difficiles, aussi bien dans la vie que dans la fabrication et dans le commerce. Voyons le commencement de la vie industrielle française pour la fabrication des fers.

La loi du 15 mars 1791, rendue par l'Assemblée nationale, décrète que les droits d'entrée et de sortie sur les productions et marchandises venant de l'étranger et sur celles exportées du royaume à l'étranger seront ainsi perçus :

Acier non ouvré et acier fondu, les cent livres, 30 sous, ainsi que les ancres de fer pour la marine, ainsi que les fers en verge, feuillards, carillons, rondins et autres ayant subi une première main-d'œuvre.

Fer en barres, les cent livres payeront . » » livres 30 sous.

Fer noir et fer en tole. 3   » »

Fer en fonte, plaques de cheminées et autres ouvrages. 4   10

Fer blanc, fil de fer ou acier. 6   » »

Fer blanc ouvré, fer noir et fer en tôle ouvré 15   » »

Fer en taillanderie, ressorts de voitures, serrures et autres ouvrages de serrurerie. 18   » »

Ouvrages en acier, chaînes de montre, épées, 15 p. % de la valeur.

Le 13 janvier 1797, les changements suivants furent votés :   Le quintal.

Acier, 2 f. 55 les 5 myriagrammes ou 2 livres 11 sous.

Fer en gueuse, 2 f. 55 les 5 myriagr. ou 2   11

Fer en verges, feuillards, carillons et rondins . . . . »   10

Fer en barres, loupes et autres de première main-d'œuvre 1   5

Fer blanc. 1   5

Mercerie et quincaillerie. . . . . »   10

Ouvrages en bronze, en fer, en acier et fil de fer. . . . . »   10

M. Barbé-Marbois fut rapporteur de cette loi au Conseil des Cinq Cents ; elle y fut votée à cause des facilités données au commerce pour l'exportation des produits français. Il paraît qu'à cette époque on redoutait peu l'introduction en France des produits étrangers.

Un décret impérial du xvii pluviôse de l'an XIII (17 novembre 1805), fixe les prix suivants pour les droits d'entrée :

Acier non ouvré et fondu par quintal
décimal. . . . . 9 fr. »
Fer blanc . . . . 18 »
Fer en barres . . . . 4 »
Fer en verges, feuillards, carillons, ron-
dins et autres . . . . 6 »
Fer noir en feuilles et en tôle. . . . . 10 »

Le 27 décembre 1814, parut la loi capitale relative aux droits d'entrée sur les fers et aciers.

les 100 kilos.
Fontes en gueuses de 400 kilos au moins. 2 fr. »
Fer brut en massiaux ou prismes prohi-
bés, fer de deux manipulations, barres
plates de 18 à 60 lignes de largeur sur
5 à 15 d'épaisseur, barres carrées de
10 lignes et au-dessus. . . . . 15 »
Fer de trois manipulations. . . . . 25 »
Fer fin de quatre manipulations et tôle . 40 »
Fil de fer . . . . 60 »
Acier en feuilles, en planches, etc . . . 45 »
Fil d'acier pour la fabrication des ai-
guilles . . . . 20 »

Par la loi du 27 juillet 1822, les droits d'entrée furent modifiés de la manière suivante :

les 100 kilos.

Fonte par mer, suivant les ports. . .	4 fr.	»
et.	9	»
Par frontières de terre	6	»
Epurée dite mazée	15	»
Fers 90 lignes et plus de largeur, multipliée par l'épaisseur.	25	»
De 42 à 90 lignes plats.	36	»
De 7 à 42 lignes ronds. . . . , ...	36	»
De moins de 7 lignes, ronds et carrés. .	50	»

La loi du 2 juillet 1836 réduisit ces droits d'un quart.

Le décret du 8 septembre 1851 permet l'introduction sans droits des fontes étrangères sous la condition suivante : Article 2. « Les déclarants s'engageront, « par une soumission valablement cautionnée, à « réexporter ou à réintégrer en entrepôt, dans un « délai qui ne pourra excéder six mois, des machines « ou mécaniques en poids égal au poids de la fonte « brute, importée temporairement en franchise de « droits. »

Le décret du 22 novembre 1853 abaisse considérablement le droit d'entrée des fontes et des fers et proclame une réduction plus considérable pour le 1er janvier 1855, mais le traité de 1860 va plus loin. Voici le texte :

« Article 1er. L'Empereur des Français s'engage à admettre les objets ci-après dénommés, d'origine et de manufacture britanniques, importés du Royaume-Uni en France, moyennant un droit qui ne devra, en aucun cas, dépasser 30 °/₀ de la valeur, les deux décimes additionnels compris. »

Voici le tarif des droits d'entrée par 100 kilos, rédigé pour l'exécution de cette convention :

TARIF DES DROITS D'ENTRÉE.

Fonte brute, en masse, les 100 kilos, débris de vieux ouvrages en fonte :

	1860	1864
Fonte épurée, dite mazée.	2 50	2 »
Ferraille et débris de vieux ouvrages en fer.	3 25	2 75
Fer brut, en massiaux ou prismes retenant encore des scories. . . .	5 »	4 50
Fer en barres carrées, rondes ou plates, rails de toute forme et dimension, fer d'angle et à T et fils de fer	7 »	6 »
Fer feuillard, en bandes d'un millimètre d'épaisseur au moins, tôles laminées ou martelées, de plus d'un millimètre d'épaisseur, en feuilles pesant 200 kilos au moins, et dont la largeur n'excède pas 1ᵐ 20ᶜ, ni la longueur 4ᵐ 50. . .	8 50	7 50
Id. en feuilles, pesant plus de 200 k.	9 50	7 50

Tôles minces et fer noir en feuilles
d'un millimètre d'épaisseur au
moins. . . . . 13 » 10 »
Fer étamé (fer blanc), cuivré, zingué
ou plombé. . . . . 16 » 13 »
Fil de fer de 5/10 de millimètres et
au-dessous. . . . . 14 » 10 »
Acier en barres, de toute espèce. . 15 » 13 »
Acier en tôle, de plus de 2 millim. . 22 » 18 »
Acier en tôle de 2 millimètres au
moins et fil d'acier même blanchi. 30 » 25 »

Le décret impérial du 29 mai 1861 a déclaré applicable à l'Angleterre les dispositions du traité de commerce conclu le 1er du même mois entre la France et la Belgique; il faut ainsi modifier la première ligne du traité.

Fonte brute en masse et fonte moulée pour lest de navire.

Ainsi, un navire anglais lesté avec de la fonte moulée exprès pour cet usage, peut déposer son lest dans un port français, et l'acheteur n'a qu'un droit de 2 f. à payer par 100 kilos.

Si le traité de commerce conclu avec la Suède eut été appliqué à l'Angleterre, le fer en massiaux serait entré au faible droit de 2 fr, 39 c. par 100 kilos au lieu de 4 50; la métallurgie française réclame en ce moment contre ce faible droit de 2 39 par 100 kilogrammes de fer de Suède en massiaux, parce qu'aux termes des traités, le fer en massiaux est un fer qui n'est pas encore dépouillé de toutes ses scories, tandis que celui que l'on introduit sous ce nom est un fer pur ; si le Libre-Echange devenait une loi de l'Etat, les forges françaises seraient obligées de s'alimenter, autant que cela leur serait possible, à l'étranger avec de la fonte qui de suite augmenterait considérablement de prix, et comme il faut 12 à 1,300 kilos de charbon pour convertir 1,000 kilogrammes de fonte en fer, et que le charbon coûte plus cher dans les forges françaises que dans les forges anglaises, le prix du fer français ne serait abaissé que de 8 à 10 p. 0/0, tandis que les fers anglais viendraient en plus grande quantité dans nos ports de mer et dans le nord de la France.

Le Libre-Echange serait la ruine de tous les établissements métallurgiques français parce qu'ils ne pourraient plus travailler à bénéfice.

Voyons maintenant avec des droits protecteurs de 20 à 30 p. 0/0 quelles sont les quantités de fonte et de fer qui arrivent annuellement d'Angleterre en France et quelle est la quantité de fonte, de fers et de tôles entrée en franchise, sur acquit à caution, en vertu du décret du 15 février 1862.

	1868	1869
	Dix premiers mois.	
En fonte (tonnes de 1,000 kilos	80,000	110,000
En fers et tôle,	41,000	51,000
Avec droits payés en fonte,	15,000	5,000
— en fers et tôle,	2,000	4,000

Depuis le 1er janvier 1864 jusqu'au 31 décembre 1869, c'est-à-dire pendant une période de six années

consécutives, les levées d'acquit à caution se sont élevés en :

	Fonte	Fers	Tôle
Tonnes,	509,000	278,000	64,000
Les décharges à	279,000	452,000	94,000

Il est sorti deux cents trente mille tonnes de moins
de fonte qu'il n'en est entré, mais elle est sortie re-
présentée par 176,000 tonnes de fer et 30,000
tonnes de tôle sorties en plus ; le reste n'est pas encore
sorti et constitue le fond de roulement en transforma-
tion.

L'exposé de la situation de l'Empire distribué aux
deux chambres à l'ouverture de la session, établit ainsi
qu'il suit la production de la fonte et du fer pendant
l'année 1869 :

Fonte au bois. ·	140,000 tonnes.	
— au deux combustibles. .	68,000	—
— au charbon.	1,147,000	—
	1,355,000	—
Fer au bois.	36,600	—
— aux deux combustibles. . .	22,200	—
— au charbon	889,300	—
Total de la fabrication.	948,700	—

Ainsi, en resumé, les forges françaises ont produit,
en 1869, environ 950 mille tonnes de fer, et l'Angleterre n'a pas pu en vendre en France plus de 60 mille
tonnes; donc les droits d'entrée perçus à la frontière,
conformément au traité de commerce de 1860, n'ont

pas produit un grave préjudice aux maîtres de forge francais, puisque l'introduction des fers anglais ayant payé les droits n'a été que de 6 p. 0/0 au plus de la production totale.

Les maîtres de forge n'ont donc aucun intérêt à demander la dénonciation du traité de commerce avec l'Angleterre, ils ont par contre un grand intérêt à s'opposer à la demande d'un Libre-Echange radical.

Le droit que les armes blanches payent en ce moment à leur entrée en France est de 40 fr- les 100 kil. et le droit sur les armes à feu est de 240 fr.; ce droit est insuffisant pour toutes les armes du prix de 80 fr. et au-dessus.

Les objets de serrurerie, fiches, charnières loquets et targettes payent par 100 kil . . . .   12 f.

    Les clous forgés à la main.   12

       — faits à la mécanique   8

Les vis à bois, boulons et écrous.   8

Les outils en fer pur, emmanchés ou non.   10

Les articles de ménage   14

Les outils en acier pur, tels que limes,
    scies circulaires, faulx et faucilles. . .   32

Plumes métalliques en acier.   100

Aiguilles à coudre de plus de 5 centimètres.   100

      — de moins de 5 centim. .   200

Coutellerie de toute espèce, 15 p. 0/0 de la valeur.

La quincaillerie et les articles de serrurerie sont ainsi protégés par des droits suffisants et par les acquits à caution; l'arrondissement de St-Etienne est parvenu à donner une très-grande importance à son commerce d'exportation pour les clous faits à la mécanique.

La Chambre de commerce de Rouen vient de faire imprimer toutes les réclamations des industriels après la séance solennelle du 3 novembre, présidée par M. Ozenne, conseiller d'Etat et secrétaire général du ministère de l'agriculture et du commerce.

Monsieur Cordier, parlant au nom du comité, lit l'exposé suivant :

« En ce qui concerne l'industrie de la filature, il « y avait en 1859, dans les départements de la Seine-« Inférieure et de l'Eure 295 filatures représentant « 1,817,328 broches ; aujourd'hui il n'y a plus, dans « la même circonscription, que 246 filatures repré-« sentant 1,921,117 broches, c'est-à-dire que si le « nombre de broches a augmenté de 103,789 pen-« dant cette période, le nombre des établissements a « diminué de 46.

« La situation étant établie, la Chambre a cherché « quels étaient les adversaires immédiats de l'indus-« trie normande, afin de pouvoir comparer la situa-« tion de celle-ci. Quant aux éléments de production, « ses adversaires sont l'industrie Suisse et l'industrie « Anglaise. »

Il faudrait lire ce rapport en entier pour en montrer le côté faible ; il voudrait établir que le prix de revient de la broche de filature est de 50 fr. en France, tandis qu'elle n'est que de 26 50 en Angleterre.

Monsieur Ozenne répond de suite que d'après les renseignements généraux recueillis à Lille, à Saint-Quentin et à Amiens, le prix de revient de la broche est de 45 fr. et le prix de revient de 35 fr. en Angleterre.

Monsieur Pouyer-Quertier répond que, s'il est vrai que le fer comme les machines ont diminué de prix, la vérité aussi est que la main-d'œuvre et les matériaux de construction ont doublé.

Monsieur Maletra, appuyant ce que vient de dire M. Pouyer, dit qu'il y a dix ans il payait 4 fr. les mêmes maçons qu'il paye aujourd'hui 6 fr.

Monsieur Pouyer ajoute qu'à Rouen il n'y a plus d'atelier de construction de machines, que les filateurs sont tous obligés de prendre leur matériel soit en Angleterre, soit en Alsace, et que si l'on fait venir les machines de ce dernier pays, il faut ajouter au prix de la broche pour la Normandie 10 p. 0/0 de frais d'emballage, plus encore les frais de transports, d'où la conséquence d'un prix de revient plus élevé.

Monsieur le rapporteur continue : « Il reste au ma-
« nufacturier suisse sur le filateur français des avanta-
« ges considérables, quant aux dépenses de force mo-
« trice et de main-d'œuvre. Le loyer des moteurs
« hydrauliques est généralement évalué au quart du
« prix du charbon, et l'on sait qu'en Suisse le grand
« nombre et la puissance des chutes d'eau dispen-
« sent de l'installation des moteurs à vapeur; quant à
« la comparaison des salaires , il faut remarquer qu'en
« évaluant la journée de l'ouvrier fileur, à Rouen, à

« 4 fr. 50 pour douze heures de travail, et celle du
» fileur Suisse de 3 fr. 25 et 3 fr. 50 pour treize heu-
« res, il en ressort une différence de plus de 30 p. 0/0
« en faveur du manufacturier suisse.

Monsieur Ozenne fait alors observer que « le prix
« de 3 fr. 25 à 3 fr. 50 n'est pas le prix réel. Que
« d'après les renseignements qu'il a recueillis lui-
« même sur les lieux, le prix moyen est de 3 fr. 75.
« et d'un autre côté, le prix moyen de 4 fr. 50 pour
« la Normandie est exagéré.

« On n'obtient pas en Suisse des forces motrices hy-
« drauliques sans de fortes dépenses de dérivation et
« sans l'établissement de turbines dispendieuses qui
« font revenir les forces motrices à une moyenne de
« 900 fr. par force de cheval, ce qui est un prix égal
« à l'établissement d'une machine à vapeur. Quant à
« la question des heures de travail, il ne doute pas que
« par suite de la grande agitation qui se fait en Suisse
« à ce sujet, la journée ne soit prochainement réduite
« à douze heures, les grèves étant d'ailleurs très fré-
« quentes en ce pays. »

Monsieur Cordier persiste à soutenir que le prix de
3 fr. 50 est le prix moyen réel de la journée de l'ouvrier suisse et que le prix de la force motrice hydrau-
lique comparée pour la dépense à la force motrice par
la vapeur est comme 8 à 32.

Lorsqu'une enquête sérieuse se fera, ne pourrait-on
pas répondre à ces Messieurs : Pourquoi construisez-
vous en ce moment de grandes filatures de 50,000
broches chacune dans un pays où le maçon est payé

6 fr. par jour, où la pierre manque, où le mètre cube
de maçonnerie en brique coûte en ce moment de 28
à 32 fr. et où le charbon coûte 2 fr. 20 les 100 kilos;
il faut qu'il y ait eu depuis qnelques années une bien
grande prospérité, pour que la bâtisse coûte si cher et
pour que la main-d'œuvre du fileur soit à 4 fr. 50 par
jour; que n'imitez-vous l'industrieuse Alsace qui
construit elle-même les machines dont elle a besoin,
quoique le charbon soit plus cher à Mulhouse qu'à
Rouen.

Le 18 novembre, M. Lalande, de Bordeaux, dans
une réunion imposante tenue dans la salle Franklin
de Bordeaux, a lu un rapport très détaillé dont voici
quelques extraits :

« Que les industriels du Nord nous permettent de
« leur dire que s'ils veulent servir d'une manière injuste
« leurs intérêts exclusifs, en ayant recours d'une ma-
« nière déguisée mais réelle, aux armes de la prohi-
« bition, nous voulons, de notre côté, défendre nos
« intérêts légitimes avec une résolution au moins égale
« et avec d'autant plus d'énergie que nous voyons,
« que nous sentons qu'ils sont liés aux vrais intérêts
« du pays tout entier, et que pour défendre ces inté-
« rêts, nous n'avons besoin que d'invoquer des prin-
« cipes de justice et de liberté. Le caractère distinctif
« de notre commerce avec l'Angleterre est celui-ci :
« La France exporte, en Angleterre principalement,
« des objets manufactnrés et elle importe d'Angle-
« terre principalement, des matières premières ou des
« produits naturels.

« Je ne veux pas à l'appui de cette assertion, pro-
« duire un trop grand nombre de chiffres qui seraient
« fatigants pour votre attention ; mais il est cepen-
« dant nécessaire d'en indiquer quelques-uns qui
« sont indispensables pour apprécier exactement la
« situation. Nos principales exportations de produits
« manufacturés en Angleterre ont été les suivantes,
« pour la moyenne des années 1866 et 1867 :

MOYENNE DES ANNÉES 1866 ET 1867.

Tisssus, passementerie et rubans de soie	230,000,000
Id id. et rubans de laine	86,000,000
Mercerie et boutons	53,000,000
Ouvrages en peau et en cuir.	37,000,000
Peaux préparées	27,000,000
Vêtements et pièces de lingerie	15,000,000
Modes et fleurs artificielles	13,000,000
Tissus, passementerie, objets de coton.	9,000,000
Total de l'exportation de ces huit articles	470,000,000

Les eaux-de-vie et les vins ont figuré en sus pour
une somme de 93 millions.

En regard des chiffres que nous venons de produire
et qui indiquent la valeur des principaux objets manufacturés exportés de France en Angleterre. Voici le
relevé des principaux objets manufacturés importés
d'Angleterre en France dans la moyenne des années
1866 et 1867.

Tissus, passementerie, rubans et fils de laine.	38,000,000
Id. id. et fils de coton. . .	25,000,000
Machines et mécaniques	11,000,000
Bâtiments en fer.	9,000,000
Fers, fontes et aciers	8,000,000
Tissus passementerie, rubans de soie.	5,000,000
Id. Rubans de lin ou de chanvre	5,000,000
Total de l'importation de ces huit articles	108,000,000

« Ainsi, sous l'influence du traité de commerce,
« nous voyons que la France exporte en Angleterre
« quatre fois plus de produits manufacturés qu'elle
« n'en importe. Or, je le demande, Messieurs, au
« nom de l'équité, au nom de la justice, au nom de
« la raison, notre industrie a-t-elle le droit de se
« plaindre d'une situation pareille ? Pouvons-nous
« raisonnablement, équitablement, souhaiter une
« situation meilleure ? Pourrions-nous oser demander
« à l'Angleterre qu'une telle situation fût modifiée
« de manière à restreindre à des proportions plus
« exiguës encore l'importation en France des produits
« de l'industrie anglaise ? Eh voilà cependant, Mes-
« sieurs, l'état des choses qui soulèvent les clameurs
« des industriels du Nord. Voilà l'état des choses
« qu'ils signalent comme un péril pour notre pays
« et pour nos classes ouvrières.

« Quelle est la situation de l'industrie cotonnière
« au point de vue spécial de nos rapports avec
« l'Angleterre ? Voici ce que nous indiquent les

« états de douane pour la moyenne des deux années
« 1866 et 1867 :

« Importation en France des tissus et fils de
« coton de tous les pays, valeur. . . 33,500,000
« Exportation de France de ces mê-
« mes produits 72,000,000

« Ainsi, les exportations d'articles de coton ont
« dépassé les importations de plus de trente-huit
« millions. Pendant cette même période, les impor-
« tations directes des tissus et fils de coton d'Angle-
« terre en France, ont été de. 24,000,000
« et les exportations de la France de . 9,000,000

« Différence. 14,500,000

« La production totale des tissus de coton, en
« France, est évaluée à un milliard. Quinze mil-
« lions d'importation anglaise contre un milliard de
« production nationale ne représentent pas la
« soixantième partie de la consommation. Non !
« l'industrie française, prise soit dans son ensemble,
« soit dans ses branches particulières, ne souffre
« point de nos tarifs actuels de douane. Non !
« l'industrie française ne souffre point des résultats
« que le traité de commerce avec l'Angleterre a
« produits dans nos rapports avec ce pays.

« Nous devons donc, Messieurs, non-seulement
« résister avec énergie à toute atteinte portée à nos
« tarifs actuels des douanes, dans le sens d'un retour
« aux droits protecteurs exagérés, ce qui veut dire
« prohibition ; mais nous devons, en outre, deman-

« der que ces tarifs soient graduellement améliorés,
« quoique avec prudence et mesure, dans le sens
« d'une admission plus libérale et plus large des
« produits étrangers : ne perdons jamais de vue
« qu'un pays ne peut exporter ses produits qu'à la
« condition nécessaire d'importer en échange les
« produits de l'étranger, qu'il ne peut payer qu'avec
« ce qu'il a, c'est-à-dire avec ce qu'il produit lui-
« même. »

Monsieur Jules Simon, député de Bordeaux, dans
une réunion publique qui a eu lieu le 25 novembre,
au théâtre Louit, à Bordeaux, a prononcé un re-
marquable discours, et je vais vous en citer quelques extraits :

« Je compare d'abord nos exportations à celles de
« l'Angleterre, puisque le premier traité de com-
« merce est le traité anglais.

« L'Angleterre a importé en France, pour l'année
« 1868, uue valeur de 659 millions, dans la-
« quelle est comprise une valeur de 115 millions
« de produits manufacturés.

« Les importations françaises en Angleterre ont
« été, pour la même année, de 1,153 millions sur
« lesquels 457 millions de produits manufacturés ; si
« au lieu de comparer seulement les rapports de
« l'Angleterre avec la France, on compare la totalité
« du commerce anglais en Europe avec la totalité du
« commerce français sur le même marché, on trouve
« que l'Angleterre exporte pour 1,600 millions, et la
« France pour 2,300 millions.

« La France a donc encore là sur l'Angleterre une
« supériorité de 700 millions : cela est vrai aujour-
« d'hui, à l'heure qu'il est, dix ans après le traité de
« commerce. On peut ruser avec les chiffres, on peut
« tromper avec un calcul, mais il ne s'agit ici ni d'un
« calcul, ni d'un chiffre choisi parmi plusieurs au-
» tres ; mais d'un chiffre unique *inexorable*, d'une
« autorité impartiale, de celui pris sur les tableaux de
« la Douane. Il est donc inutile de nier la supériorité
« de notre commerce avec l'Angleterre et avec l'Eu-
« rope, et s'il est impossible de la nier, comment
« peut-on soutenir que le traité a enrichi l'Angleterre
« à nos dépens ?

« Je vais citer successivement quelques uns de nos
« articles principaux et donner des chiffres qui mon-
« trent que notre industrie n'est pas autant en déca-
« dence qu'on veut bien le dire. La houille d'abord.
« Vous savez quelle importance particulière s'attache
« à l'industrie de la houille, elle alimente toutes les
» autres industries ; un de nos malheurs, assurément,
« c'est d'être obligé d'emprunter à nos voisins une
« partie de la houille que nous employons. La loi de
« 1810, que je trouve d'ailleurs très mal faite, et que
« j'ai longuement combattue dans un de mes livres
« comme injuste et contraire à nos intérêts, prononce
« la déchéance contre tout concessionnaire de mines
« qui en suspend l'exploitation pendant un temps dé-
« terminé ; elle considère les mines comme une pro-
« priété nationale, et leur exploitation comme une
« affaire d'intérêt national. Le principe est vrai si

« l'application en est exagérée, et c'est surtout pour
« des matières premières de cette importance, qu'il
« n'est pas permis à un peuple de se rendre volon-
« tairement tributaire des autres, il ne peut le faire
« sans se désarmer et sans se suicider ; on n'a pas
« manqué de nous dire en 1860 que par suite de
« l'abaissement du droit sur la houille qui réduirait
« les Compagnies à congédier les ouvriers ou à tra-
« vailler à perte, nous allions priver la France d'une
« de ses richesses ou du moins d'une de ses ressour-
« ces. Eh bien, Messieurs, voici ce que répondent les
« faits. L'exploitation des mines françaises avait
« donné, en 1859, 76 millions de quintaux métri-
« ques, elle en a fourni 122 en 1865 ; l'augmenta-
« tion en 6 ans n'a pas été moindre de 60 p. 0/0. Pen-
« dant la même période, l'importation des houilles
« étrangères n'a été que de 47 p. 0/0. Ainsi notre sol
« n'a pas été dépouillé et déshérité comme on nous
« en menaçait. La concurrence étrangère n'a pas dé-
« couragé notre industrie ; loin de là, elle a agi
« comme un stimulant, et la houille étrangère ne nous
« a été nécessaire que pour un quart environ de notre
« consommation locale.

« En 1859, les manufactures de la France entière
« ont employé pour 116 millions de laines étrangères
« outre les nôtres ; en 1867 elles en ont employé pour
« 222 millions. L'augmentation a été de 90 p. 0/0.
« Le nombre des broches pour la laine peignée n'a
« cessé d'augmenter d'année en année dans une pro-
« portion considérable. Je sais bien qu'on peut expli-

« quer cet accroissement de l'industrie des fils et tissus
« de laine par l'énormité de l'arrivage de matière
« première provenant de l'Australie et de l'Amérique
« du Sud et par la disette du coton. Le succès et le
« progrès n'en sont pas moins incontestables ; notre
« exportation de fils et tissus de laine s'est accru en
« 7 ans de 120 millions de francs.

Monsieur Jules Simon devait bien connaître, le 25
novembre, à Bordeaux, les résultats de l'enquête ad-
ministrative sur les traités de commerce qui avaient
eu lieu à Amiens, le mardi 26 octobre précédent, sous
la présidence de M. Ozenne. Le rapporteur de la Commission de la filature et du tissage des laines a longuement développé toutes les souffrances de cette industrie, il a dit :

« L'importation des tissus de laine de fabrication
« étrangère, principalement de ceux mélangés qui en-
« combrent aujourd'hui tous les magasins français,
« a remplacé dans la consommation beaucoup de
« tissus produits spécialement dans la Picardie. De-
« puis 1860, la fabrication des escots et de la tamise
« a considérablement diminué, dans le canton de
« Cormeil 75 p. 0/0 ; des fabricants ont été complè-
« tement ruinés et ont disparu.

« A Bonneil, à Equesnoy et environs, le nombre
« des fabricants et des ouvriers a diminué de 25 p. 0/0
« La fabrication de la popeline commune n'exis-
« te plus à Amiens. Les qualités, qui à l'ori-
« gine étaient vendues 1 franc 85 centimes, se

« soldent en ce moment de 80 à 90 centimes le
« mètre.

« En cachemire d'Ecosse, il s'est vendu sur notre
« place à 70 centimes le mètre des pièces qui précé-
« demment valaient 1 fr. 25.

« Les tissus soie et laine, pour doublure, sont le
« plus souvent remplacés par des tissus laine, chaîne
« coton, qu'il nous est impossible de produire en con-
« currence avec les Anglais.

« Nous ne pouvons pas non plus lutter avec eux
« dans la fabrication des lastings pour chaussures ;
« ce tissu est chez nous complètement abandonné.

« Le satin turc et le satin français ont beaucoup à
« souffrir de l'introduction en France des serges
« Berry anglaises.

« Les tissus fins, soie et laine pour deuil, sont aussi
« remplacés par des tissus anglais chaîne coton. Cette
« substitution de la fabrication anglaise à la produc-
« tion française a pour cause principale la facilité
« qu'ont les Anglais de se procurer, à bien meilleur
« marché que nous, les fils de coton dans les nu-
« méros élevés.

« La fabrication de nos tissus de laine, à Amiens
« et dans les environs, ayant diminué beaucoup, nos
« filatures de laine ont été obligées de modifier leur
« production et d'aller chercher ailleurs le placement
« de leurs fils.

« Les filateurs et les fabricants attribuent les pertes
« qu'ils éprouvent à l'insuffisance de la protection
« édictée par les traités de commerce et surtout aux

« fausses déclarations faites chaque jour en
« douane.

« Les filateurs et les fabricants demandent en con-
« séquence : que les traités de commerce *soient sup-
« primés* et remplacés par un tarif général des
« douanes. »

Si vous lisiez tous les détails de ce rapport, vous pense-
riez comme moi que les fabricants d'Amiens devraient
de suite acheter des fils anglais et produire des tissus
laine avec la chaîne en coton comme ceux importés
d'Angleterre, des lastings comme ceux importés d'Angleterre et des serges Berry anglaises ; ils diraient
ensuite aux fileurs d'Amiens, produisez-nous des fils
semblables à ceux des Anglais ou nous continuerons à
acheter les filés anglais ?

Les laines filées anglaises entrent en France en ac-
quittant les prix suivants :

	Simple.	Retors.
30,000 mètres au kilo est en dessous	25	37 1/2
31,000 à 40,000.	35	52 1/2
41,000 à 50,000.	45	67 1/2
51,000 à 60.000.	55	82 1/2
61,000 à 70,000.	65	102 1/2
71,000 à 80,000.	75	112 1/2
81,000 à 90,000.	85	127 1/2
91,000 à 100,000.	95	142 1/2
101,000 et au-dessus.		1 150

Messieurs les fabricants de tissus d'Amiens, achetez
des fils anglais, tissez-les et surveillez ensuite la déclaration à la frontière des tissus fabriqués, le droit à payer sur

le tissu fabriqué est de 10 p. 0/0 ou pour mieux dire de 9 %, puisqu'à 10 p. 0/0 de réduction sur le prix réel, on ne saisit pas la marchandise fabriquée. Nommez un Comité de surveillance qui fera saisir toutes les marchandises déclarées à 20 et 30 p. 0/0 en dessous de leur valeur et les prendra à la douane aux prix auxquels elles auront été précomptées.

Que Messieurs les fabricants de lacets en fassent autant. Le droit sur le fil retors étant de 50 p. 0/0 au-dessus du droit du fil simple, ils payent donc pour le numéro 40, 52 centimes 1/2; la valeur de ce numéro est de 8 fr. 50.d

Après fabrication la valeur est de 13 fr. ; le droit devrait être de 1 f. 30 par kilo, par tolérance il n'est que de 1 f. 17 parce que l'on peut déclarer 10 p. 0/0 de moins que la valeur réelle, la douane étant obligée d'ajouter 10 p, 0/0 en sus de la valeur déclarée, lorsqu'elle veut saisir, mais quand l'importeur ne déclare que 70 à 75 p. % de la valeur réelle, alors nommez une Commission de surveillance, faites vérifier les marchandises présentées à l'introduction à des prix frauduleux et demandez la saisie.

Le droit sur les laines filées en Prusse est exactement le même ; mais l'augmentation de droits sur le fil retord n'est que de 30 p. 0/0 au lieu de 50 ; ainsi le droit d'entrée sur le second numéro qui est de 35 centimes, n'est augmenté :

Que de 30 p. 0/0, soit 10 50

Ce qui le porte à   45 1/2 au lieu de 52 1/2.

Pour les lacets de laine, la Prusse tire ses fils de l'Angleterre.

Le droit d'entrée sur les tissus en laine est-il suffisamment protecteur? C'est ce que la Commission d'enquête est chargée d'apprécier et les délégués seront entendus.

Les fileurs de coton du Nord trouvent les droits d'entrée, sur le coton, complètement insuffisants pour les numéros au-dessus du 36,000 mètres au 1/2 kilo. Voilà 5 ans qu'ils les subissent et leurs plaintes ne sont devenues très vives que lorsque le bas prix du fil de lin et de la laine est venu les entraver considérablement dans la vente de leurs produits de coton.

Voici les droits d'entrée sur les cotons :

Fils de coton simple, mesurant au demi kilogramme écrus :

		Simple.	Retors.
20,000 mètres au moins		15	22 1/2
21,000 — à 30,000 . .		20	30
31,000 — à 40,000 . .		30	45
41,000 — à 50,000 . .		40	60
51,000 — à 60,000 . .		50	75
61,000 — à 70,000 . .		60	70
71,000 — à 80,000 . .		70	1 05
81,000 — à 90,000 . .		90	1 35
91,000 — à 100,000 . .	1 » »	1 50
101,000 — à 110,000 . .	1 20	1 80
111,000 — à 120,000 . .	1 40	2 10
121,000 — à 130,000 . .	1 60	2 40
131,000 — à 140,000 . .	2 » »	3 » »
141,000 — à 170,000 . .	2 50	3 75
171,000 et au-dessus.	3 » »	4 50

Blanchis, 15 p. % en sus ;
Teints. 25 p. % en sus.

Vous avez maintenant, Messieurs, tous les tableaux nécessaires pour connaître les droits protecteurs des diverses industries de notre département, et vous voyez que la France jusqu'à présent n'est point entrée dans a voie du Libre-Echange ; tous les produits de l'arrondissement de Saint-Etienne et de Montbrison sont protégées d'une manière que je crois suffisante pour toutes les industries autres que les armes à feu. Lorsqu'en 1852, vous m'avez envoyé siéger pendant 40 jours à Paris, au Conseil général de l'agriculture, des manufactures et du commerce , j'étais très protectionniste, mais la discussion m'a fait voir qu'une trop grande protection était nuisible pour l'avenir des industries qui se contentaient du marché national ; il faut avoir la noble ambition de pouvoir expédier ses produits dans toutes les parties du monde, et j'ai voté la réduction des droits sur les produits de la terre et presque sur tous les articles manufacturés.

Je suis d'avis qu'une enquête très impartiale doit avoir lieu sur les réclamations des fileurs et des tisseurs des départements du Nord, mais je ne suis pas d'avis qu'avant la conclusion de cette enquête on demande pour le 4 février prochain la dénonciation du traité de commerce avec l'Angleterre.

Je suis d'avis que le décret du 9 janvier sur les acquits à caution ne soit exécuté qu'après que l'enquête commerciale aura démontré que c'est le moyen le plus utile de donner satisfaction à la généralité du commerce des fers, des constructeurs de machines et des fabricants de ponts de fer, de chaudières à vapeur, de clous fait à la mécanique, de pas de vis et boulons, et de rails destinés à l'exportation.

Je suis d'avis qu'à la suite de mon rapport, on imprime les extraits des tableaux des douanes françaises et ceux des douanes anglaises pour l'année 1868, publiés par la Chambre de Commerce de Manchester.

La comparaison de ces tableaux confirme ceux de 1866 et 1867 dont je me suis servi dans mon rapport et dont s'est également servi le Comité Libre-Echangiste de Bordeaux.

Si mes conclusions étaient adoptées par la Chambre de commerce, ce serait le point de départ de toutes les démarches qu'il y aurait à faire pour maintenir les avantages qui existent en ce moment et obtenir les réductions ou modifications que nous croyons utiles aux intérêts des industries de l'arrondissement de St-Etienne et de Montbrison, dont nous sommes chargés d'apprécier les réclamations.

La suppression des acquits à caution portant en ce moment une grave perturbation dans les établissements métallurgiques et industriels de nos pays, j'ai réuni les documents nécessaires pour que vous puissiez apprécier ce qui existait depuis plusieurs années et ce que le décret impérial du 9 janvier a voulu modifier.

Voici, Messieurs, ce qu'étaient les acquits à caution. Un industriel acceptant des commandes d'objets en fer pour l'étranger demandait aux deux ministres du commerce et des finances, un pouvoir pour faire entrer des fers étrangers en franchise de droits.

La lettre de demande devait mentionner la nature et l'importance de la demande, le lieu de la destination définitive, le lieu de fabrication à l'intérieur, les délais dans lesquels les travaux devaient être exécutés et le détail des différentes natures de fer qui étaient nécessaires.

Les *pouvoirs* d'importer étaient en réponse à cette demande expédiés sous les deux signatures des ministres du commerce et des finances.

Lorsque les fers étaient arrivés en douane, on décrivait avec beaucoup de détails les matières introduites dans un bordereau que devait signer l'introducteur d'abord et l'agent de la douane ensuite. Le bordereau descriptif était en outre revêtu de la signature d'une personne solvable se portant caution du payement des droits et des amendes dans le cas où la réexportation n'aurait pas lieu dans le délai fixé. C'est ce bordereau qui s'appelait un acquit à caution et que l'on avait pris l'habitude de vendre.

On faisait entrer à Paris 1,000 tonnes de fer marchand qui aurait dû acquitter 60 fr. par tonne de droits d'entrée et l'on faisait sortir par Marseille 1,000 tonnes de rails ; par abus, on faisait entrer 100 tonnes de fer fin de Suède fabriqué au bois et l'on faisait sortir 100 tonnes de machines faites avec du fer au charbon.

Le ministre a décidé que le fer introduit au moyen des acquits à caution devait être livré au domicile de celui qui devait l'employer.

Il a décidé de plus que le fer au charbon ne pouvait pas à la sortie être livré en remplacement du fer au bois.

Ainsi les acquits à caution sont devenus personnels, tous les constructeurs peuvent continuer à les demander et à réexpédier les objets qu'ils auront confectionnés avec ces fers ; ils ne pourront plus les céder à un autre industriel.

Alors ne pourrait-il pas se faire qu'un grand marchand de fer de Paris fît venir 1,000 tonnes de fers marchands et vendît ensuite livrable à Marseille 1,000 tonnes de rails à la destination de l'Italie ou de l'Egypte ?

Sera-t-il tenu de livrer identique ou équivalent ?

S'il peut livrer équivalent, les rails fabriqués dans notre département sortiront de France sous son nom et non pas sous celui de la forge qui les aura fabriqués avec du fer français.

Les clous faits à la mécanique sont fabriqués avec une fonte faite au bois, mais laminée au charbon ; un marchand de fer de Paris fera venir des fers au bois de la Suède et fera sortir en son nom les clous faits à la mécanique avec de la fonte faite au bois.

Où s'arrêtera le droit ? Où commencera l'abus ? Une enquête impartiale peut seule faire connaître les vrais intérêts de la majorité des établissements métallurgiques de la France ; en attendant, il y avait des usages de 7 ans et plus qui se trouvent brusquement modifiés au détriment des forges du Centre et du Midi, et à l'avantage des forges du Nord.

Voilà pourquoi je demande que le décret du 9 janvier, sur les acquits à caution, soit suspendu jusqu'à ce que l'enquête ait fait connaître ce qu'il est le plus convenable de faire dans l'intérêt général de la métallurgie.

Vous trouverez dans les tableaux qui suivent les quantités de marchandises de toutes natures importées ou exportées ; ils vous feront apprécier ce qu'il est utile de demander dans l'intérêt de nos industries.

Le Vice-Président de la Chambre de Commerce,

ENNEMOND RICHARD.

J'ai lu et approuvé le manuscrit.

PALLUAT DE BESSET,

Président.

IMPORTATIONS TEMPORAIRES DE 1868.

RÉSUMÉ PAR MATIÈRES PREMIÈRES MISES EN ŒUVRE

(Par millions et fractions de millions).

	1863	1864	1865	1866	1867	1868
Blé froment . . .	44.2	37.4	51.1	43.6	124.3	56.6
Graines oléagin^{ses}.	6.2	8.8	10.5	11.9	12.6	12.6
Fer étiré en barres.	8.1	8.3	5.1	9.4	8.1	9.
Fonte brute. . . .	2.8	8.4	10.8	8.6	5.8	8.8
Plomb brut. . . .	4.8	5.5	4.8	3.2	3.9	4.6
Tôle.	5.	6.9	6.5	7.7	5.3	4.3
Acier en barres. .	1.4	1.3	2.5	4.6	2.3	2.5
Toile de coton écru	3.8	4.1	1.8	3.1	3.7	2.
Mousseline de coton écru. . . .	0.9	0.8	1.3	1.5	1.3	1.4
Etoffes diverses de laine.	1.5	1.6	0.6	0.2	0.3	0.4

EXPLICATIONS.

Le blé est ressorti en farine.

Les graines oléagineuses sont sorties en huile.

Le fer étiré en barres est sorti en machines.

La fonte brute est sortie en rails de chemin de fer.

La tôle est sortie en ponts ou en chaudières.

L'acier est sorti en ressorts de wagons.

En 1868, il est entré pour vingt-quatre millions six cent mille francs de fonte, fer, tôle et acier, et il est sorti poids pour poids pour quatre-vingt-treize millions de machines, bâtiments de mer, wagons, rails et clous à la mécanique.

(Extrait du résumé analytique, tableau 17, page LIV).

DROITS PAYÉS

A L'IMPORTATION DES PRODUITS ÉTRANGERS

(Par millions et fractions de millions).

	1863	1864	1865	1866	1867	1868
Houille crue et carbonisée...	9.	7.3	7.7	8.9	8.7	8.7
Fonte brute . . .	3.9	0.8	1.3	1.1	1.6	0.4
Acier et fer. . .	0.0	0.0	0.0	0.0	0.0	0.0
Machines et mécaniques.	1.2	1.1	0.9	1.2	0.9	1.0
Outils et autres ouvrages en métaux.	1.0	0.7	0.7	0.7	0.6	0.6
Fils de coton. . .	0.5	0.4	0.6	1.0	0.9	1.3
Tissus du coton. .	1.	1.	1.2	2 7	2.4	2.5
Tissus de laine. .	4.8	4.2	3.9	4.3	4.2	5.4

QUANTITÈS IMPORTÉES.

	1863	1864	1865	1866	1867	1868
Houille grise et carbonisée . .	100.	115.2	117.8	146.5	146.9	132.0
Fonte brute . . .	17.7	3.3	5.9	6.5	7.2	1.7
Acier et fer . . .	6.4	2.5	3.0	4.6	4.9	7.5
Machines et mécaniques . . .	10.6	11.3	12.1	15.3	13.0	13.4
Outils et autres ouvrages en métaux.	0.0	0.0	0.0	0.0	0.0	0.0
Fils de coton. . .	7.6	7.3	11.2	14.6	9.5	10.7
Tissus de coion. .	8.7	9.5	10.5	23.2	18.7	19.9
Tissns de laine. .	33.4	32.0	38.1	42.8	42.1	54 5

(Extraits du résumé analytique, tableau 22, page LX.

IMPORTATIONS

(En millions et fractions de millions).

	Charbons.	Fonte brute.	Fer et Acier.	Machines.	Minerais.
1863. . .	100.0	17.7	6.4	10.6	23.5
1864. . .	115.2	3.3·	2.5	11.3	25.1
1865. . .	117.8	5.9	3.0	12.1	20.4
1866. . .	146.5	6.5	4.6	15.3	18.9
1867. . .	146.9	7.2	4.9	13.0	17.6
1868. . .	132.0	1.7	7.5	13.4	20.7

	Soie et bourre de soie.	OEufs de vers à soie.	Tissus de soie.
1863 . . .	262.2	10.5	4.6
1864 . . .	285.8	5.5	• 7.1
1865 . . .	355.2	16.5	11.2
1866 . . .	307.3	8.1	13.9
1867 . . .	344.7	11.3	21.1
1868 . . .	435.3	29.8	23.0

	Cotons en laine.	Fils de coton.	Tissus de coton.
1863 . . .	261.8	7.6	8.7
1604 . . .	344.2	7.3	9.5
1865 . . .	299.7	11.2	10.5
1866 . . .	426.1	14.6	23.2
1867 . . .	237.0	9.5	18.7
1868 . . .	271.1	10.7	19.9 ·

L'importation des tissus de soie comprenant les rubans de Bâle, a doublé depuis le traité de commerce avec la Suisse ; donc le droit d'entrée est trop faible. A tort, il a été réduit de moitié.

EXPORTATIONS

(En millions et fractions de millions).

	outils et ouvrages en métaux.	Machines et mécaniques.	Minerais.
1863. . . .	43.7	7.5	4.5
1864. . . .	45.1	9.5	6.8
1865. . . .	37.9	8.2	7.6
1866. . . .	39.5	8.3	8.1
1867. . . .	32.9	7.9	9.0
1868. . . .	35.0	9.9	5.5

	Soie.	Tissus de soie et fleurets.
1863.	96.2	373.3
1864.	101.5	408.2
1865.	143.3	428.5
1866.	107.0	467.7
1867.	115.4	423.0
1868.	145.8	452.3

	Cotons en laine.	Tissus de coton.
1863.	52.2	88.2
1864.	57.2	93.7
1865.	66.2	93.5
1866.	68.1	86.4
1867.	50.4	57.5
1868.	45.3	54.8

L'exportation des tissus de coton français va toujours en diminuant depuis 1864 ; donc les plaintes de la Normandie sont fondées, tandis que l'importation des tissus suisses ou anglais a doublé depuis cette époque.

IMPORTATIONS

(En millions et fractions de millions).

	Laines en masse.	Fils de laine.	Tissus de laine.
1863.	218.8	10.2	33.4
1864.	214.3	11.5	32.
1865.	236.2	13.1	38.1
1866.	245.8	11.8	42.8
1867.	223.7	6.8	42.1
1868.	237.9	9.6	54.5

	Bois communs.	Bestiaux.	Céréales.
1863.	133.2	77.1	53
1864. . .'. . .	132.4	77.3	23.1
1865.	150.7	78.	18.4
1866.	180.4	80.	49.6
1867.	172.6	123.7	318.9
1868.	179.4	158.1	337.8

	Vins.	Eaux-de-vie et esprits.	Armes.
1863.	5.7	6.2	23.9
1864.	5.5	5.7	16.7
1865.	4.6	4.9	10.5
1866.	4.3	6.4	8.8
1867.	7.5	5.5	12.1
1868.	14.4	9.7	16.7

Examinez l'énorme quantité de laines en masse, de bois, de
bestiaux et de céréales que la France a reçu en 1867 et 1868 de
tous les pays produisant à meilleur marché que nous.

EXPORTATIONS.

(En millions et fractions de millions).

	Laines.	Fils de laine et coton.	Tissus de laine.
1863.	48.2	17.1	293.6
1864.	51.1	21.6	355.9
1865.	33.	23.5	302.8
1866.	33.5	25.5	301.7
1867.	43.2	32.1	236.8
1868.	36.5	22.2	224.9

	Bois communs.	Bestiaux.	Céréales.
1863.	33.5	39.2	48.5
1864.	33.2	47.4	56.2
1865.	34.7	55.3	119.1
1866.	32.2	81.5	178.8
1867.	33.9	47.5	67.4
1868.	34.8	34.6	67.3

	Vins.	Eaux-de-vie et esprits.	Armes.
1863.	229.7	63.3	11.4
1864.	234.5	72.1	6.6
1865.	260.3	55.5	5.9
1866.	258.2	76.9	2.5
1867.	244.6	67.3	2.3
1868.	234.5	63.3	7.6

L'exportation des tissus de laine de la France diminue chaque année depuis 1864.

La France ne produit pas tout-à-fait assez de céréales pour la nourriture de ses habitants.

L'exportation des vins et des eaux-de-vie n'a pas augmenté depuis 1863.

Les droits sur les armes à feu ne sont pas suffisamment protecteurs.

Saint-Etienne emploie chaque année pour quatorze cent mille francs de coton écru et gazé. Ce coton, arrivant tout de l'Angleterre, acquitte plus de 160,000 fr. de droits.

Kilos.	Anglais. N°	Français	du prix de	Droits.	Droits payés.	Valeurs.
3.333	50	42	6	52	1.778	20.000
2.857	60	50	7	65	1.857	20.000
3.750	70	59	8	65	2.437	30.300
3.333	80	67	9	78	2.600	30.000
5.000	90	76	10	91	4.550	50.000
2 727	100	84	11	117	3.191	30.000
2.609	110	90	11 50	130	3.392	30.000
3.846	120	101	13	156	6.000	50.000
2.079	130	110	14 50	156	3.228	30.000
4.110	140	118	17	182	7.495	70.000
3.500	150	126	20	208	7.256	70.000
4.444	160	135	22 50	260	11.564	100.000
26.923	165 170	139 143	26	325	87.500	700.000
3.448	180	152	29	325	11.206	100.000
1.470	200	169	34	325	4.778	50.000
500	plus fins. . .		40	390	1.950	20.000
					160.767	1.400000

On emploie annuellement à Saint-Etienne pour 5 à 6 millions de fils de coton de toute provenance.

Si les droits d'entrée sont de 160,767 francs sur 1,400,000 fr., ils sont donc de 11 1/2 p. 100 sur l'ensemble de tous ces n^{os}.

CHARBONS ANGLAIS

Importés en France aux droits de 1 fr. 20 par tonne en 1868.

Bayonne.	21.581
Bordeaux.	195.863
Roulogne.	99.192
Brest.	19.494
Caen.	99.551
Calais.	69.067
Charente	34.612
Cherbourg	27.432
Dieppe	272.650
Dunkerque	81.025
Fécamp.	34.625
Le Hàvre.	249.543
Honfleur.	55.015
La Rochelle . . .	40.877
Marseille.	22.032
Nantes	108.821
Rouen	100.000
Saint-Mâlo	62.000
Saint-Nazaize	143.491
Trouville et Tréport . .	23.916
	1.949.483

C'est beaucoup pour la France et ce n'est rien pour l'Angleterre, qui en extrait chaque année cinquante fois plus, soit un milliard de tonnes.

DOCUMENTS OFFICIELS ANGLAIS.

(En millions français et fractions de millions).

IMPORTATION DES SOIERIES FRANÇAISES, SUISSES ET ALLEMANDES.

	Étoffes.	Articles divers.	Rubans.	Totaux.	Totaux de la France seule
1858 ..	16.30	8.08	24.64	49.07	36.23
1859 ..	20.20	9.59	29.62	59.45	43.32
1860 ..	32.50	10 36	33.32	76.28	56.96
1861 ..	72.95	11.97	58.25	143.23	122.56
1862 ..	94.23	13.73	54.50	159.94	132.80
1863 ..	92.09	20.08	48.89	161.04	130.36
1864 ..	112.38	28.71	45.96	187.02	149.51
1865 ..	123.74	26.88	57.61	208.38	169.54
1866 ..	155.57	21.98	55.16	232.81	188.86
1867 ..	136.07	23.25	65.27	224.61	175.48
1868 ..	162.71	29.64	77.52	269.88	210.07

TISSUS DE COTON, DE LIN, DE SOIE ET DE LAINE.

	Importations en Angleterre.		Exportations.	
	Livres sterling.	Millions français.	Livres sterling.	Millions français.
1860.	3.739.534	93.48	665.606	16.64
1861.	6.378.817	159.47	1.900.576	47.51
1862.	7.028.380	175.70	2.837.880	70.94
1863.	7.154.325	178.70	2.208.579	57.21
1864.	7 637.612	190.94	2.363.743	59.09
1865.	8.377.790	209.44	2.784.590	69.61
1866.	9.357.109	233.92	4.661.808	116.54
1867.	9.224.276	230.60	4.603.869	115.09
1868.	10.643.007	266.06	3.295.912	82.39

Les étoffes de Lyon et les rubans de St-Etienne qui, en 1858, ne figuraient, à leur entrée en Angleterre que pour une valeur de trente-six millions, sont maintenant arrivés à plus de deux cent dix millions.

DOCUMENTS OFFICIELS ANGLAIS

En quintaux anglais de 45 kilos
Et en livres schelings et pences

CONSOMMATION ET PRIX DES COTONS EN LAINE

EN ANGLETERRE.

	Quintaux.	Livres.	Schelings.	Pences.	Prix du kil.
1854. . .	764,005	2	13	7	1f.48
1855. . .	767,383	2	15	5	1 54
1856. . .	877,225	3	0	8	1 65
1857. . .	837,391	3	13	9	2 05
1858. . .	884,732	3	6	11	1 82
1859. . .	1,050,845	3	5	10	1 80
1860. . .	1,140,599	3	0	4	1 64
1861 . .	958,696	3	12	5	2 » »
1862. . .	309,558	10	2	4	5 56
1863. . .	428,230	11	5	8	6 20
1864. . .	648,602	13	11	0	7 45
1865. . .	675,069	9	18	6	5 46
1866. . .	989,177	7	10	8	4 14
1867. . .	911,910	5	9	1	3 01
1868. . .	1,005,463	5	5	4	2 90

Il arrive maintenant en Angleterre autant de coton en laine qu'avant la guerre américaine, mais au prix de 2 fr. 90 le kilo au lieu de 1 fr. 64.

Il n'est pas étonnant que les tissus anglais ne puissent plus vendre autant de mètres de tissus qu'autrefois, à cause de l'augmentation de soixante pour cent qui existe sur la matière première.

RÉSOLUTIONS

Adoptées à l'unanimité par la Chambre

le 21 Janvier 1870

Après avoir entendu la lecture du rapport de M. Ennemond Richard, la Chambre a pris la délibération suivante :

En ce qui concerne les admissions temporaires :

Considérant qu'un décret rendu le 9 janvier 1870,
a modifié profondément la législation actuelle sur les
admissions temporaires ;

Que ce décret a donné lieu aux réclamations de
toutes les industries de l'arrondissement de Saint-
Etienne.

Qu'en effet, une pareille mesure peut laisser pré-
sumer que les questions de douanes continueront à
être régies par des règlements administratifs et non
point par des lois, ainsi qu'on l'avait espéré.

Considérant qu'à ce point de vue, les commerçants,
même ceux qui sont désintéressés vis-à-vis des ac-

quits à caution, sont unanimes à se plaindre du nou-
veau décret ;

Qu'ils allèguent avec raison que les producteurs ont
besoin d'éviter les oscillations dans la réglementation
qui sont inséparables du régime purement adminis-
tratif, et de chercher pour leurs affaires une garantie
de stabilité qn'ils trouveront seulement dans la discussion publique des tarifs et des lois soumis au Corps
législatif.

En ce qui concerne particulièrement les métallurgistes du
département de la Loire,

Considérant que le décret du 9 janvier a été rendu
inopinément et a jeté un trouble considérable dans
l'industrie des fers sans qu'on puisse compter sur les
résultats qui ont motivé ce changement, car il n'est
point douteux qu'entravés dans leur exportation les
fers de la Loire reflueront sur le marché français, et
qu'il se produira ainsi un encombrement aussi peu
profitable aux métallurgistes du Nord qu'à ceux du
Midi.

Qu'on eût évité une funeste perturbation en attendant les résultats de l'enquête parlementaire qui doit
incessamment s'ouvrir à l'occasion du traité conclu en
1860 avec l'Angleterre.

Par ces motifs,

La Chambre du commerce à l'unanimité délibère,
qu'il y a lieu de prier Monsieur le Ministre du commerce, de vouloir bien solliciter d'urgence, dans le
Conseil du gouvernement, la suspension de l'applica-

tion du décret dont il s'agit, jusqu'à la clôture de l'enquête devant le Corps législatif.

Relativement au traité de commerce conclu en 1860 avec l'Angleterre, la Chambre a adopté les conclusions des délégués qui se résument ainsi pour nos diverses industries, rubannerie, métallurgie, armurerie, quincaillerie, lacets, velours, passementerie, etc.

Demander dans l'enquête qui aura lieu :

1° Que les droits de douane soient réglés par des lois votées par le Corps législatif, les traités du commerce ne pouvant assurer la mobilité indispensable aux capitaux qui s'engagent dans une industrie ;

2° Que les tarifs actuels, transformés en lois de douane, soient maintenus tels qu'ils existent dans les traités du commerce, la protection assurée par les tarifs étant déclarée suffisante.

La Chambre appuiera ces conclusions auprès de M. le Ministre du commerce, auquel sera envoyé un exemplaire du programme des délégués.

La Chambre a voté l'impression à ses frais du rapport de M. Ennemond Richard.

Imp. vᵉ Théolier et Cᵉ